CARLOMAGNO

El emperador de Occidente que sentó
las bases de Europa

Por David Cusin
En colaboración con Benoît-Joseph Pedretti
Traducido por Marina Martín Serra

Historia en50MINUTOS.es

CARLOMAGNO

- **¿Nacimiento?** El 2 de abril del año 742 o 747.
- **¿Muerte?** El 28 de enero del año 814 en Aquisgrán (reino de los francos).
- **¿Principales aportaciones?**
  - Creación de un nuevo imperio de Occidente.
  - Gran artífice del retorno a la cultura latina, inicia el renacimiento carolingio.
  - Establecimiento de un sistema de vasallaje que anticipa la creación de las diferentes unidades territoriales durante la Edad Media.

¿Quién no ha oído hablar de Carlomagno, ese personaje mítico al que a menudo nos referimos como «el emperador de la barba florida»? Aunque sin duda estamos familiarizados con su nombre, pocos son los que realmente conocen su historia, que hay que decir que es absolutamente emocionante.

Efectivamente, Carlomagno es una personalidad de lo más fascinante. A partir de 768, reina junto con su hermano Carlomán (751-771) en el reino franco, y tres años después acaba estando solo al mando. Entonces, decide ampliar su territorio hasta el punto de que en pocos años constituye un verdadero imperio, uno de los más grandes de Occidente desde el Imperio romano. Carlomagno, guerrero incansable, también es un soldado cristiano, y obliga a convertirse a los pueblos a los que somete durante numerosos enfrentamientos. Con la voluntad de crear un imperio cristiano europeo, es coronado emperador en Roma en el año 800 y trabaja activamente para construir un amplio espacio político, cultural y religioso cuyo centro se encuentra en Aquisgrán. Desde su nueva Roma, controla su enorme territorio con la ayuda de enviados especiales, los *missi dominici* («enviados del Señor»), a los que envía por todo el imperio para hacer cumplir las capitulares y las ordenanzas que promulga.

Asimismo, estimula el retorno a la cultura antigua e impulsa un periodo muy fructífero a nivel cultural y artístico. La educación de la élite se convierte en una de sus prioridades, por lo que proliferan las escuelas monásticas, los principales centros artísticos y culturales de la época, que contribuyen a una producción de calidad notable.

Es cierto que a menudo la visión de Carlomagno a lo largo de los siglos ha cambiado. Pero, aunque su soberanía pronto se cubrió de un halo legendario y edificante, es innegable que su vida fue excepcional y la influencia de su reino en la sociedad medieval occidental, inmensa.

BIOGRAFÍA

Retrato del emperador Carlomagno, cuadro de Albrecht Dürer, 1511-1513.

UN REY GUERRERO (768-785)

Sabemos muy poco acerca de la vida de Carlomagno antes de su ascenso al poder en 768. Se desconoce su lugar de su nacimiento y no entra en escena antes de la muerte de su padre Pipino el Breve (rey de los francos, 714-768). Sin embargo, sabemos que no gobierna solo como manda la tradición germánica, ya que hereda el reino de su padre junto con su hermano Carlomán. Con todo, este reino compartido llega a su fin bastante rápido ya que Carlomán muere en el año 771 en circunstancias que aún no están claras, dejando todo el reino en manos de Carlos.

Pero, incluso antes de su toma de poder individual, Carlomagno ocupa un lugar más importante que su hermano y ya demuestra sus dotes militares sometiendo Aquitania, entonces sublevada. Su primera gran campaña militar se la debe al papa Adriano I (fallecido en 795), que en 772 recurre a él porque los lombardos, liderados por el rey Desiderio (c. 710-c. 774), amenazan la Santa Sede. Entonces, Carlomagno ve una gran oportunidad para ampliar sus posesiones y consolidar sus relaciones con el papa. En 773, cruza los Alpes y, después de un asedio de varios meses, toma Pavía, la capital lombarda, y en 774 es coronado rey de los lombardos.

Los lombardos resultan más bien dóciles, algo totalmente distinto en el caso de los sajones, que se encuentran en el noreste de Europa y contra los cuales Carlomagno lleva a cabo varias campañas a partir de entonces. A partir de 772 y sobre todo de 776, dirige una verdadera guerra de desgaste contra estos pueblos paganos poco romanizados. Sin embargo, tardará más de 20 años en dominar a los sajones y someter a su líder Viduquindo (fallecido c. 810), bautizado en el año 785 tras su derrota. A pesar de esta sumisión, Sajonia sigue siendo un territorio aparte en el reino, y habrá que esperar hasta finales del siglo VIII para que las revueltas cesen y se acepte la tutela de los francos.

Carlomagno (742-814) en Paderborn en 785, cuadro de Ary Scheffer, 1840.

Las guerras que Carlos conduce sin descanso son numerosas y transcurren en múltiples frentes, hasta el punto de convertirlo en el soberano cristiano más poderoso de Occidente. Apoyándose en su autoridad y poder, Carlos tiene todos los triunfos para reforzar su ya inmenso poder.

LA CORONACIÓN IMPERIAL (800)

En 799, el papa León III (750-816), preocupado desde 795 por la aristocracia romana que cuestiona con vehemencia su autoridad, recurre a Carlomagno para resolver esta complicada situación. Pero con su intervención, el rey franco se expone a una reacción del Imperio bizantino, heredero legítimo del Imperio romano que vigila celosamente los asuntos italianos. Sin embargo, en este momento (final del siglo VIII), el Imperio bizantino está muy debilitado por las luchas internas y las disputas teológicas, lo que le deja el campo libre a Carlos.

Alrededor de la Navidad del año 800, Carlomagno se dirige a Roma para actuar como árbitro de las acusaciones llevadas a cabo contra el papa. Este último, decidido a ganar el apoyo de Carlos, manda coronarlo emperador.

Coronación de Carlomagno por parte del papa León III.

Según el biógrafo de Carlos, el nuevo emperador no habría salido satisfecho de la ceremonia, ya que el papa habría tomado la iniciativa de coronarlo antes de que el pueblo lo aclamara, como manda la tradición bizantina. Este episodio y las reservas que emite su biógrafo sobre la celebración de la ceremonia son particularmente reveladores de las intenciones de Carlomagno y de la reflexión teológica y política de su entorno. De hecho, para él se trataba de consagrar 30 años empleados en consolidar el poder político y de darle una unidad religiosa al vasto territorio conquistado. La coronación a manos del papa le confiere una autoridad indiscutible a Carlomagno, y sus victorias militares lo convierten en un nuevo Constantino (emperador romano, entre 270 y 288-337) con una dignidad imperial indiscutible. Ya no es Carlos, sino Carolus Magnus, Carlos el Grande, Carlomagno.

UN IMPERIO QUE GOBERNAR (800-814)

Carlomagno, que ahora está a la cabeza de un vasto imperio, debe establecer una política capaz de dirigir un territorio sin igual en Occidente desde el final del Imperio romano. En el plano militar, Carlos no se detiene después de su victoria ante los sajones. Apoyándose en su poderoso ejército, extiende su esfera de influencia en Frisia, Baviera y contra los ávaros en Panonia (actuales Balcanes). Con el fin de consolidar las fronteras imperiales, crea marcas que serán territorios «fortificados» con el objetivo de proteger el imperio de las incursiones enemigas.

Para gobernar este sólido imperio, Carlos necesita una capital. En Aquisgrán, manda erigir una ciudad de piedra construida alrededor de su palacio imperial que se acaba en 806 y donde pasa mucho tiempo al final de su reinado. Desde allí, gobierna gracias a las capitulares (acta de aplicación de la ley) y a los *missi dominici* que envía a través de su imperio para hacer cumplir las leyes que promulga.

Mientras envejece, Carlomagno prepara su sucesión y, según la costumbre germánica, planea dividir su reino entre sus cinco hijos. Pero el único que sobrevive es el que se convertirá en Luis el Piadoso (778-840), al que corona en el año 813, vinculándolo directamente con el poder. Poco después, en el año 814, Carlos fallece a la edad de 72 años.

CONTEXTO POLÍTICO, SOCIAL Y ECONÓMICO

CARLOS MARTEL Y LA DINASTÍA CAROLINGIA

Los siglos VII y VIII son períodos cruciales de la historia de la Galia y del pueblo franco ya que el poder real, hasta entonces en manos de los merovingios, se desmorona a favor de dos grandes figuras que pertenecen a la familia de los mayordomos del palacio de Austrasia: Carlos Martel (*c.* 688-741) y Pipino el Breve.

Desde la muerte de Clodoveo (*c.* 465-511), el reino franco se divide entre Austrasia (con su centro en torno a Reims y Metz), Neustria (con su centro en torno a Soissons) y Borgoña (Chalon-sur-Saone). Estos tres reinos unas veces están unificados bajo el impulso de reyes poderosos como Dagoberto I (*c.* 600-638), y otras, divididos entre varios soberanos. Pero, en realidad, a partir de principios del siglo VII, la figura que adquiere una influencia considerable sobre los reyes y gobierna los reinos es la del mayordomo del palacio, función que ejercen los antepasados de Carlomagno: los pipínidas —llamados así por Pipino de Landen (*c.* 580-640), el abuelo de Carlos Martel— hasta Pipino de Herstal (*c.* 635 o 640-714), que es su padre.

¿SABÍAS QUE...?

En la época de Carlomagno, los mayordomos del palacio eran los más altos dignatarios de la corte merovingia. De hecho, eran los encargados de supervisar a las personas que ayudaban al rey en sus tareas. Procedentes del *maior domus* («el mayor de la casa») de la monarquía bárbara, están a la cabeza de la vida doméstica. Participan activamente en la gestión de los asuntos del reino y, a veces, suplantan al príncipe en esta función. Por otra parte, también pueden participar en la función legislativa y entregar diplomas. Tienen ingresos procedentes de su fortuna personal, pero también del fisco real.

Carlos Martel es conocido sobre todo por su acción militar, especialmente durante la batalla de Poitiers (732). Sin embargo, la historia le debe mucho más, ya que es él quien posiciona realmente la futura dinastía carolingia en las altas esferas del poder, a pesar de su condición de hijo bastardo. Martel, guerrero hábil, se hace con la herencia paterna y asegura la sumisión de la aristocracia del reino, incluyendo la del duque Eudes de Aquitania (c. 681-735), que entonces posee un vasto territorio que se extiende desde el sur del Loira hasta el norte de la actual España. También consolida la base política de su familia accediendo al título de mayordomo del palacio, que le convierte en el hombre más fuerte del reino. Aprovechando su influencia sobre los otros dignatarios del reino, refuerza su red de lealtad concediendo beneficios sobre los bienes que confisca al clero a aquellos que le brindan su apoyo.

Carlos Martel en la batalla de Poitiers, cuadro de Charles Steuben, 1837.

Cuando Carlos Martel muere en 741, aunque ha sido más un jefe de guerra que un político, ha logrado posicionar a su familia en la cumbre de la jerarquía de los francos.

LOS REYES PELUDOS

La cabellera tiene una importancia particular en los pueblos germánicos, de los que proceden los merovingios: es el signo de pertenencia a una clase social más alta y sería la prueba de que se posee una especie de poder maravilloso. La melena de la mayoría de los reyes merovingios era de una envergadura tal que la historiografía les ha dado el apodo de reyes peludos. Sin embargo, aunque no se trata de un atributo únicamente real, su ausencia en el rey puede ser mal vista por sus súbditos.

LA REFORMA RELIGIOSA

La pérdida de poder de los merovingios se acompaña de una reforma religiosa sin precedentes en el mundo franco. Durante los primeros siglos de cristianización, la doctrina se forja lentamente. Carlos Martel es el primero que inicia la reforma que realmente será implementada por Bonifacio (predicador de Germania, arzobispo de Maguncia, c. 675-754), Carlomán (hermano de Pipino el Breve, c. 715-754/755) y Pipino el Breve. Esta se centra en dos cuestiones fundamentales: el destino de los bienes eclesiásticos confiscados por Carlos Martel y la organización del clero.

Bonifacio toma como modelo a san Agustín (doctor de la Iglesia latina, 354-430) y organiza una serie de concilios con el fin de definir con mayor claridad el lugar del clero en la sociedad. Para lograrlo, los clérigos deben distinguirse de los laicos adoptando un estilo de vida ejemplar, sin concubinato, manteniéndose al margen de las guerras y llevando hábitos propios de su condición. También se les invita a entrar en una institución para vivir en comunidad de acuerdo con un reglamento, convirtiéndose así en regulares o monjes. Los que no quieren vivir en una comunidad pasan a ser seculares o clérigos. Junto a esto, el punto esencial de esta reforma es la introducción de jerarquías estrictas que hacen del clero secular y regular un sistema piramidal que no puede ser cuestionado.

La confiscación de los bienes eclesiásticos orquestada por Carlos Martel y perseguida por Pipino el Breve forma parte integrante de esta reforma. Evidentemente, esto no agrada a la Iglesia, que comienza a oponérsele. Con todo, Pipino el Breve logra encontrar un equilibrio transformando las tierras que él y su padre concedieron a la aristocracia en precario (concesión de un bien inmobiliario solicitado por un vasallo a su señor; el contrato concertado se llama «precario» porque responde a la plegaria del solicitante). Por lo tanto, los aristócratas disfrutan de la tierra, pero reconocen que le pertenece a la Iglesia y, por ello, deben pagar un impuesto anual de doce denarios. Así, nadie condena las confiscaciones ya que las tierras siguen perteneciendo al clero —que debe su reciente ascenso al poder al dominio carolingio—, que no tiene más remedio que conformarse gratuitamente con esta situación.

LOS INICIOS DE UNA POLÍTICA MONETARIA Y LA RECUPERACIÓN ECONÓMICA

Los problemas económicos que experimenta la Galia merovingia desde la muerte de Clodoveo están estrechamente vinculados a la moneda: los metales preciosos (oro y plata) escasean mucho más que durante la Antigüedad, cuando se disponía de mucha mano de obra y todavía había filones prósperos. Tanto es así que, a partir de mediados del siglo VII, la acuñación de monedas de oro se frena drásticamente, debido tanto a su escasez como al hecho de que se prefiere atesorarlo (orfebrería, tesoros eclesiásticos) antes que reinvertirlo en la moneda. Desde ese momento, las monedas se fabrican utilizando solamente plata, una tendencia que perdura hasta la Baja Edad Media (siglos XIV-XV).

Dada la inestabilidad monetaria y el gran número de acuñaciones, Pipino el Breve trata de uniformizar la moneda y reasignarle al rey el monopolio de la acuñación, algo esencial para controlar la economía. En el año 755, promulga la primera ley monetaria real en la que no solo impone la acuñación real, sino también la uniformidad del denario de plata que ahora pesa 1,22 gramos. Los efectos de esta política no tardan en palparse: se encuentran monedas carolingias en el sur del reino, mientras que antes no salían de las localidades.

Más allá de esta cuestión financiera, esta reforma es sintomática de la aparición de una nueva zona económico-comercial en torno a los principales centros del norte del reino (Metz, Reims, Soissons, etc.) que ofrece una alternativa a los centros comerciales tradicionales heredados del Imperio romano en el sur.

LA FIGURA CENTRAL DE PIPINO EL BREVE

La acción de Carlos Martel anticipa en gran medida el trabajo de su hijo Pipino el Breve, pero este último es el verdadero fundador de la dinastía carolingia. Pipino hereda el título de mayordomo del palacio de Neustria, mientras que su hermano Carlomán es mayordomo del palacio de Austrasia hasta que, en 747, se convierte en monje. En ese momento, Pipino el Breve pasa a ser mayordomo del palacio de los dos reinos y se afirma cada vez más como un rey potencial. A pesar del profundo apego de la aristocracia hacia la sacralidad del poder real, logra eliminar la oposición vinculada con el cambio dinástico a través del sistema de vasallaje establecido por su padre, que le permite distribuir numerosos beneficios para calmar a los poderosos.

Pipino es un jefe conquistador, y logra incrementar su prestigio con sus victorias en Baviera y Alamannia, territorios de los que se apodera. También le arrebata Narbona al emir de Córdoba entre 752 y 759, y hace campaña en Aquitania cada primavera entre 760 y 768. Cuando no lucha, se las arregla para establecer pactos de no agresión con los sajones y los bretones. Pipino tiene ahora el prestigio y la autoridad necesarios para satisfacer su ambición real, pero carece de algo fundamental: la legitimidad necesaria para usurpar el trono ocupado por la dinastía merovingia que, aunque está debilitada, sigue poseyendo un estatus especial. Con la voluntad de establecer una soberanía sagrada cristiana,

Pipino se dirige al papa Zacarías (fallecido en 752) a través del intermediario del abad Fulrad (fallecido en 784), que apoya su proyecto. Entonces, en el año 751, Pipino es elegido por la Asamblea de los francos en Soissons y ungido con el santo crisma, que normalmente está reservado para los sacerdotes y obispos.

Las buenas relaciones que los carolingios mantienen con el papado se deben al nuevo rey, que es coronado por segunda vez en la abadía de Saint-Denis en el año 754, a manos del propio papa Esteban II, que lo apoda el «patricio de los romanos» (es decir, protector del papado) y le anima a intervenir en Italia para frenar a los lombardos, cuya presencia es cada vez más amenazante.

Coronación de Pipino el Breve por el papa Esteban II en Saint-Denis, cuadro de François Dubois de 1837.

ESTADOS PONTIFICIOS

Las intervenciones armadas de Pipino el Breve en Italia en 755 y 757 permiten que el papa recupere el ducado de Roma, el exarcado de Rávena, la Emilia y la Pentápolis bizantina que incluye Rimini, Pesaro, Fano, Senigallia y Ancona.

Con la muerte de Pipino en el año 768, el reino de los francos —centrado en su espacio nórdico que es el corazón de los dominios reales— aparece como una entidad unificada y poderosa que además se beneficia de una alianza crucial con la Iglesia. En este sentido, contribuye en gran parte a la labor que Carlomagno llevará a cabo unos años más tarde.

MOMENTOS CLAVE

LA CONSOLIDACIÓN DEL PODER REAL

En 768, Carlos y su hermano Carlomán heredan un reino unificado que tiene unas fuertes bases territoriales establecidas por su padre, Pipino el Breve. Carlos hereda Neustria, la mayor parte de Austrasia y una parte de Aquitania. Carlomán, por su parte, hereda principalmente la otra parte de Aquitania, la Borgoña y Alamannia.

Ya en el principio de su reinado, Carlos toma una ventaja segura sobre su hermano, ya que hereda las tierras con mayor influencia geográfica de los carolingios. Además, sus posesiones rodean las de Carlomán, que se siente amenazado. El cerco alrededor de Carlomán se estrecha todavía más tras el matrimonio de Carlos con una princesa lombarda, que le permite adquirir nuevas tierras y rodear por completo las posesiones de su hermano. Estas tensiones habrían podido conducir a una guerra fratricida, pero Carlomán muere antes de que pueda producirse un conflicto tal. Por consiguiente, en 771 Carlomagno se convierte en el único rey de los francos y se encuentra a la cabeza del *Regnum Francorum* («reino de los francos»), que se encargará de reforzar gracias al poder de sus ejércitos.

En 768, poco después de la muerte de su padre, Carlomagno debe enfrentarse a la revuelta de Aquitania, donde las élites procedentes de la antigua *nobilitas* no están nunca satisfechas con las costumbres de los francos, que consideran bárbaras. Carlos logra restaurar el orden en esta parte de su reino sin demasiadas dificultades, y continúa consolidando su autoridad política y moral. En 773, las tropas francas corren al rescate del papa Adriano I, amenazado por los lombardos. Desde Ginebra, Carlos cruza los Alpes a través del paso del Gran San Bernardo y asedia Pavía, la capital del rey Desiderio, que capitula en 774. Rápidamente, Carlomagno se hace proclamar *Longobardum Rex* («rey de los lombardos»). Habiendo obtenido la corona de hierro, símbolo del poder real lombardo, ahora, además de su título de *Patricius Romanorum* («patricio de los romanos»), posee el de rey de los francos y de los lombardos.

Los carolingios, y especialmente Carlomagno, saben sacar provecho de las múltiples guerras que libran contra los pueblos vecinos, tanto desde un punto de vista económico como político. Mientras que los merovingios se esforzaban por controlar el botín ganado a los pueblos conquistados, la nueva dinastía franca controla de cerca la redistribución de las riquezas e incluso logra crear un sistema de vasallaje en torno a estas recompensas y beneficios. Con ello, la fidelidad de la aristocracia aumenta, y el poder carolingio incrementa sus ingresos mediante la recepción regular de «regalos» —que se asemejan más a tributos— de algunos pueblos que compran así su libertad (los bretones o los eslavos, por ejemplo).

Esta afluencia de riquezas es cada vez más significativa a medida que Carlos y sus ejércitos consiguen victorias. De este modo, durante la terrible guerra contra los sajones (772), los francos, después de haber destruido el árbol sagrado Irminsul, se apoderan del tesoro que este albergaba. Cuando ganan contra los ávaros, actúan del mismo modo: se apoderan de su famoso Ring (la capital de su pueblo) que, de acuerdo con Eginardo (c. 770-840), estaba lleno de inmensas riquezas. Así, valiéndose de sus victorias militares y del modelo de vasallaje heredado de su padre, Carlos se encuentra a la cabeza de un reino poderoso y muy coherente. Ahora tiene los medios necesarios para materializar sus ambiciones y las hace valer en el año 800.

UN NUEVO DAVID: LA CORONACIÓN IMPERIAL

Con esta coronación imperial, Carlos se posiciona como el equivalente en Occidente del emperador de Oriente, que es el legítimo heredero del Imperio romano. Pero esto no es todo: Carlos encarna una especie de nuevo David (segundo rey de Israel, c. 1010-970 a. C.) que gobierna un nuevo Israel. La idea de que el pueblo franco es el elegido de Dios ya se manifiesta durante el reinado de Pipino el Breve. Al igual que David, el rey judío no ha nacido rey, sino que llega a serlo gracias a su fuerza y no a su sangre.

A finales del siglo VIII, el reino franco ya hace las veces de territorio imperial, puesto que posee una amplia extensión y estabilidad política. La guerra, que permite este ascenso al poder, ahora sirve a una nueva ideología y tiene como objetivo la recuperación de un imperio cristiano como el establecido por Constantino. Las victorias de los francos se convierten en la manifestación del poder de Cristo y tienen como objetivo la instauración de un nuevo Imperio romano cristiano dirigido por los francos y que reúna a toda la cristiandad occidental. Según Carlomagno, la unidad solamente puede conseguirse si existe en el plano religioso, y para lograr que los pueblos se reúnan en torno a la Iglesia es necesaria la propagación del cristianismo por toda Europa occidental. Los asesores del rey —Alcuino (c. 735-804) en particular— desempeñan un importante papel en la difusión de este mensaje entre la élite de los francos.

En este contexto, León III le entrega a Carlomagno la corona imperial el 25 de diciembre del año 800. La ceremonia de coronación sigue el modelo bizantino, con la única diferencia de que el orden se invierte: según el rito en vigor en Constantinopla, la aclamación se produce antes de la coronación. Sin embargo, el papa corona a Carlos antes de que la multitud lo aclame. Aunque los *Anales Reales* nos indican que el papa se sometió a la proscinesis (gesto que consiste en inclinarse ante una persona de categoría superior), las fuentes pontificias no lo documentan. De todos modos, León III afirma por este medio la independencia del poder espiritual frente al poder temporal, un elemento importante que representa uno de los principales componentes de la sociedad de la Baja Edad Media. Este episodio no agrada para nada a Carlomagno, que lo ve como un cuestionamiento de su poder y de su autoridad.

Coronación de Carlomagno, fresco de Rafael.

Con esto, constatamos que las inspiraciones imperiales de Carlomagno y sus asesores proceden de varios modelos: el Antiguo Testamento con el rey David, del que Carlos es un nuevo avatar; el Imperio romano con Augusto (63 a. C.-14 d. C.) que, como Carlos, creó su imperio; y, sobre todo, el modelo del emperador cristiano que representan Constantino y Diocleciano (245-313). Sin embargo, no sería correcto ver en el ascenso al poder de Carlomagno una voluntad de reunificar el antiguo Imperio romano. Su acción se inscribe claramente en un marco europeo, y es muy consciente de estar a la cabeza de un inmenso territorio que es difícil de organizar y en el seno del cual hay que legislar para que siga teniendo sentido.

EL RENACIMIENTO CAROLINGIO

Carlomagno, que ahora está a la cabeza de un inmenso territorio unificado políticamente y relativamente pacificado, pretende inspirarse de la cultura antigua original para darle un impulso cultural a su reino, hasta el punto de que esta renovación pasa a llamarse el renacimiento carolingio.

El vasto territorio requiere un gobierno centralizado y eficaz. Además, Carlomagno muestra claramente su voluntad de legislar dándole un lugar destacado a la escritura y al derecho escrito. De este modo, la propia fuente de la escritura oficial se cambia para que las capitulares imperiales sean más claras: la minúscula carolingia, mucho más cómoda de leer, sustituye ahora a la letra cursiva merovingia. Así pues, el nuevo emperador gobierna a través de los escritos y las capitulares que difunden por el territorio los vasallos de Carlos, los *missi dominici*, que también son responsables de hacer que se cumplan sus disposiciones.

Esta revolución de la escritura no solamente se extiende al ámbito legislativo: en las abadías de reciente construcción, los textos antiguos se estudian, se comentan y se ilustran con habilidad, en un momento de esplendor de la producción artística. Bajo el impulso del poder carolingio, las ilustraciones constituyen verdaderas obras de arte. Rápidamente, se encargan para decorar las bibliotecas de las grandes figuras del reino y para los tesoros de iglesias que están empezando a formarse.

Cristo en majestad, ilustración procedente del *Evangelario* llamado de Godescalco o de Carlomagno, *c.* 781-783.

La pintura mural, los mosaicos, la escultura, la orfebrería e incluso la arquitectura son áreas en las que se produce un aumento cualitativo y cuantitativo de la producción artística, sobre todo gracias a la Escuela Palatina de Aquisgrán, que es su piedra angular.

De facto, el renacimiento carolingio se traduce en un aumento muy importante del número de fuentes escritas (legislativas, políticas, religiosas), arquitecturales (el palacio de Aquisgrán, el oratorio de Germigny-des-Près, el pórtico de la abadía imperial de Lorsch, etc.), pero también artísticas, con una producción que no tiene nada que ver con los siglos anteriores. No hay que olvidarse de este impulso de Carlomagno y sus asesores, ya que muchos autores han sobrevivido hasta nuestra época gracias a este renacimiento cultural.

AQUISGRÁN: LA NUEVA ROMA

Carlomagno elige Aquisgrán como capital política y administrativa en los años 790. La ciudad tiene la ventaja de estar situada en el corazón del reino, cerca de la frontera sajona, donde Carlomagno conduce campañas militares cada año. Con esta elección, rompe de algún modo con la itinerancia de la corte franca que tradicionalmente va de palacio en palacio.

Partiendo prácticamente de cero, Carlos muestra claramente su voluntad, en el plano arquitectural, de un retorno a un modelo antiguo grecorromano. El complejo palaciego de Aquisgrán deseado e imaginado por el emperador y sus asesores pretende ser una nueva Roma y toma algunos modelos de ella. Dos edificios principales conforman el complejo. El primero, el *aula palatina* (sala de la Asamblea en la que se reunían los vasallos), adopta la planta basilical romana por excelencia que aún podemos admirar hoy en la basílica de Constantino en Tréveris. El segundo edificio notable es la capilla palatina. Construida sobre una planta octogonal, está ricamente decorada con mosaicos, pinturas y oro, así como con columnas antiguas que Carlomagno manda transportar especialmente desde Roma y Rávena para adornar su edificio y poseer en su capital reliquias de la antigua Roma.

Después de todos estos esfuerzos y años de construcción, no es sorprendente que a partir de 806 el emperador y la corte permanezcan casi todo el tiempo en su nueva capital imperial. La capilla palatina y el *aula palatina* encarnan los nuevos lugares de poder religioso y político del imperio.

En 813, cuando sus primeros hijos (Pipino de Italia y Carlos) han muerto, decide vincular el poder a su último hijo, el futuro Luis el Piadoso, sin duda para no darle al papa la oportunidad de coronar al nuevo emperador, y de este modo no afirmar la superioridad de lo espiritual sobre lo temporal.

El 28 de enero de 814, Carlomagno muere a causa de una neumonía. Su inmenso imperio pasa a manos de su único hijo superviviente, Luis el Piadoso.

REPERCUSIONES

LA RUPTURA POLÍTICA DE LOS GRANDES CONJUNTOS TERRITORIALES

El vasto imperio de Carlomagno solamente sobrevive una generación. Su hijo Luis el Piadoso, menos hábil en el plano político y militar, es incapaz de consolidar su poder político. Además, tiene tres hijos (Pipino I de Aquitania, Lotario I y Luis II el Germánico), a los que decide legar su herencia tras haberla dividido tal como manda la tradición de los francos. Luis el Piadoso asocia a su hijo mayor Lotario (795-855) a la sede imperial y le asigna a sus hijos menores las monarquías fronterizas de Aquitania y Baviera. Sin embargo, un nuevo heredero, Carlos II el Calvo, pone en cuestión esta división en 823, y en ese momento la desintegración del imperio de Carlomagno se hace inevitable.

EL FIN DE LAS DISPUTAS ENTRE LOS DESCENDIENTES DE CARLOMAGNO

El Juramento de Estrasburgo en 842 marca el final de la lucha entre los nietos de Carlomagno. Tras la derrota de Lotario, Carlos el Calvo y Luis el Germánico se reúnen en Estrasburgo para confirmar su alianza delante de sus tropas. Carlos y los soldados de Luis lo pronuncian en lengua tudesca (futura lengua alemana), mientras que Luis y los soldados de Carlos lo pronuncian en lengua romance (futura lengua francesa). Estas fórmulas registradas por Nitardo (historiador francés, c. 800-

844/845) en su *Historiarum* constituyen el texto más antiguo en francés y alemán.

De esta fragmentación territorial, sancionada por el Tratado de Verdún en agosto del año 843, nace una Europa dividida en tres grandes partes: la Francia Occidental (futuro reino de Francia), la Francia Media (una franja que va de Italia a Frisia y posee el título imperial, cuyo heredero será el reino de Borgoña medieval) y la Francia Oriental (futuro Sacro Imperio Romano Germánico).

Fragmentación territorial sancionada por el Tratado de Verdún

De esta forma, nacen dos grandes reinos (el reino de Francia y el Sacro Imperio Romano Germánico) que tendrán una influencia considerable en la división territorial europea en los siglos subsiguientes. Sin embargo, la centralización y la unificación de estos dos reinos tardará tiempo debido a que la fragmentación política del Imperio carolingio también da lugar a la aparición de una pequeña aristocracia local que se afirma cada vez más en regiones de la periferia de las principales capitales.

LOS FUNDAMENTOS DEL VASALLAJE MEDIEVAL

Las repercusiones que el reinado de Carlomagno tiene a nivel político son considerables, hasta el punto de que influyen toda la Edad Media. Las primicias del feudalismo establecidas por Carlos Martel y Pipino el Breve tienen una cierta resonancia bajo el reinado de Carlomagno que aumenta después de su muerte. De hecho, cuando el poder político es lo suficientemente fuerte como para mantener una cierta coherencia, los vasallos se muestran más dóciles y, por consiguiente, sirven mejor al reino. Y, a la inversa, cuando el poder se desmorona, algunos grandes señores aprovechan la oportunidad para tratar de ampliar su territorio.

Durante la segunda mitad del siglo IX, mientras el poder real disminuye, a las grandes familias aristocráticas se les conceden feudos cada vez más importantes, algunos incluso con una cuasindependencia. Es el caso, entre otros, de Roberto el Fuerte (conde de Anjou y de Blois, antepasado de la dinastía de los capetos, fallecido en 866), que recupera la marca de Neustria —que incluye Turena, Anjou y el Maine—. Sus hijos Eudes (conde de París, c. 860 o 864-898) y Roberto (c. 860-923) se convertirán en reyes de los francos. Los antiguos miembros de la aristocracia carolingia y los que poseen solidaridades familiares con ellos aprovechan la oportunidad para afirmarse y para ponerse al servicio de los nuevos potentados locales que entonces emergen de forma abundante y que los mismos conceden a algunos vasallos de los condados o ducados que formarán parte del tablero político durante toda la Edad Media y, en algunos casos, incluso hasta más tarde.

Esta desintegración política no termina hasta que surgen poderosas monarquías en el siglo XV que logran reprimir el deseo de independencia de estos vasallos y reunificar los antiguos grandes conjuntos territoriales del Imperio carolingio.

EL INCREÍBLE CARLOMAGNO: ENTRE CANTARES DE GESTA Y LEYENDAS

Carlomagno se convierte rápidamente en una figura casi mítica en el imaginario colectivo. Muchos reclaman su herencia desde la muerte de su hijo Luis el Piadoso. Es muy difícil hacerse una idea objetiva del emperador, ya que lo que sabemos de él ha sido modificado a lo largo de los siglos. Nuestra principal fuente de información, la *Vita Karoli Magni* escrita entre los años 829 y 836, tiene una orientación claramente hagiográfica que distorsiona la realidad y embellece la vida del emperador, elevado a la categoría de héroe. La beatificación de Carlomagno impulsada por Federico I Barbarroja (emperador germánico, 1122-1190) en 1165 y llevada a cabo por el antipapa Pascual III (1100-1168) no hace más que magnificar este mito.

Y Carlomagno inventó la escuela...

La invención de la escuela por parte de Carlomagno es una de las leyendas más arraigadas en nuestro imaginario colectivo, creada relativamente pronto: ya en el siglo IX, Nokter el Tartamudo (abad de Saint Gall y cronista, c. 840-912) describe las visitas del emperador a su escuela palatina de Aquisgrán para garantizar el buen trabajo de los «escolares», a los que felicita o sermonea. En realidad, Carlomagno adopta efectivamente medidas en términos de educación, ya que trata de hacer que la presencia de escuelas rurales —entonces preexistentes— sea sistemática. Las leyendas abundan, y el poder las transmite en función de sus propios intereses. Así, se le ha atribuido erróneamente al emperador la fundación de la Universidad de París. Del mismo modo, en el siglo XV, Luis XI (rey de Francia, 1423-1483) establece el día de San Carlomagno como la fiesta de los escolares. Varios siglos después, la Tercera

Pero, sin lugar a dudas, encontramos la visión más mítica de Carlomagno en los cantares de gesta que florecen en el siglo XII. El primero es el *Cantar de Roldán*, escrito a finales del siglo XI y a principios del XII. Aunque se basa en hechos históricos más bien pobres, este cantar de gesta sigue siendo el texto más conocido que habla de Carlomagno. El libro describe un emperador afable, generoso con los justos e implacable cuando se trata de defender el honor y el cristianismo, y en él encontramos los temas evocados en la biografía de Eginardo que hace de Carlos el modelo del cristianismo y de las virtudes morales. Sin embargo, la realidad tiene más matices: si el reinado de Carlomagno es, sin duda, el escenario de una revolución cultural y artística, durante sus largos combates el rey de los francos es mucho menos magnánimo de lo que cuenta su leyenda. Su guerra contra los sajones realmente puede considerarse un conflicto de exterminio que el pueblo franco lleva a cabo anualmente. Durante un poco más de 30 años, los francos forzarán la conversión de los paganos, abatirán a sus ídolos y masacrarán a los recalcitrantes.

En el siglo XIX, algunos románticos consideran que Carlomagno es el padre de una Europa unificada y cristiana.

Aunque se trata de una visión sesgada, el hecho es que el *Regnum Francorum* instaurado por el emperador es un legado con el que todavía se identifican muchos países europeos. Asimismo, el personaje que encarna es un vínculo seguro entre muchas naciones europeas.

EN RESUMEN

- En el año 768, tras la muerte de Pipino el Breve, Carlos hereda el *Regnum Francorum* junto con su hermano Carlomán.
- En el inicio de su reinado, Carlomagno debe sofocar una revuelta en Aquitania y ya demuestra todas sus competencias marciales.
- En el año 771, Carlomán muere y deja a Carlos al cuidado del gobierno de todo el reino de los francos.
- Carlos, que desea ampliar su reino, se lanza en su primera campaña contra los sajones en 772. Sin embargo, la pacificación total de la región no se producirá hasta 804.
- En 774, Carlos corre a socorrer al papa, derrota a los lombardos y adopta el título de rey de los lombardos.
- A partir del año 794, Carlomagno reside más a menudo en su palacio de Aquisgrán —que quiere convertir en una nueva Roma— y que convierte en centro de su poder político y religioso, legislando gracias a capitulares y enviando a sus *missi dominci* por todo su territorio.
- El día de Navidad del año 800, el papa León III corona emperador a Carlos en Roma.
- Carlomagno, potenciando la cultura y el arte, promueve una renovación cultural y artística sin precedentes desde la caída del Imperio romano: el renacimiento carolingio.
- El emperador asegura su sucesión haciendo coronar —en vida— a su único hijo superviviente: el futuro Luis el Piadoso, que tras la muerte de su padre en 814 hereda un vasto territorio unificado y con unas sólidas bases, pero que no perdurará más de una generación.

¡Tu opinión nos interesa!
¡Deja un comentario en la página web de tu librería en línea,
y comparte tus favoritos en las redes sociales!

PARA IR MÁS ALLÁ

FUENTES BIBLIOGRÁFICAS

- Favier, Jean. 1999. *Charlemagne*. París: Fayard.
- Folz, Robert. 1987. *Le couronnement impérial de Charlemagne*. París: Gallimard.
- Halphen, Louis. 1947. *Charlemagne et l'Empire carolingien*. París: Albin Michel.
- Minois, Georges. 2010. *Charlemagne*. París: Perrin.

FUENTES COMPLEMENTARIAS

- de Tours, Grégoire. 1995. *L'histoire des Francs*. Editado por Robert Latouche. París: Les Belles lettres.
- Eginardo. 1824. *Annales d'Eginhard; Vie de Charlemagne. Des faits et gestes de Charlemagne*. París: J.-L. Brière.
- Hincmar de Reims. 2002. *Annales de l'Europe carolingienne*. Editado por François Guizot. Clermont-Ferrand: Paléo Éditions.
- Nithard. 1926. *Histoire des fils de Louis le Pieux*. Editado y traducido por Philippe Lauer. París: Les Belles Lettres.

FUENTES ICONOGRÁFICAS

- *Retrato del emperador Carlomagno*, cuadro de Albrecht Dürer, 1511-1513. La imagen reproducida está libre de derechos.
- *Carlomagno (742-814) en Paderborn en 785*, cuadro de Ary Scheffer, 1840. La imagen reproducida está libre de derechos

- Coronación de Carlomagno por parte del papa León III. La imagen reproducida está libre de derechos.
- Carlos Martel en la batalla de Poitiers, cuadro de Charles Steuben, 1837. La imagen reproducida está libre de derechos.
- Coronación de Pipino el Breve por el papa Esteban II en Saint-Denis, cuadro de François Dubois de 1837. La imagen reproducida está libre de derechos.
- *Coronación de Carlomagno*, fresco de Rafael. La imagen reproducida está libre de derechos.
- *Cristo en majestad*, ilustración procedente del *Evangelario* llamado de Godescalco o de Carlomagno, c. 781-783. La imagen reproducida está libre de derechos.

PROGRAMA Y DOCUMENTALES

- *Charlemagne, le prince à cheval*. Dirigido por Clive Donner. Francia: 1993.
- *Karl der Grosse*. Dirigido por Gabriele Wengler. Alemania: 2013.
- *Secrets d'Histoire*. "Sacré Charlemagne". Episodio 27. Dirigido por Jean-Louis Remilleux. France 2, 8 de septiembre de 2015.